客室清掃の魔法
3
最強の清掃チームのつくり方
編著 セイビ九州
マンガ 松本康史
梓書院
507

お先に失礼しまーす！
お疲れ様でした～
このシフト組んだら私も帰ろっと！
村中 恵理
客室清掃チーム 入社３年目
村中さん
あ！ 大川さん！
お疲れ様です
ちょっと話をしたいんだけど…

異動？
実は今度 新しいホテルの客室清掃を任されることになったんだけど
村中さんそこの責任者をやってもらえない？
前の管理会社が雇用していたスタッフをそのまま引き継いでほしいと言われてね
でも 私は経験が浅いし…
もうすぐ3年目ですよ
大丈夫 村中さんならできます！
……

分かりました！
やってみます！
2週間後――
荒れた現場だって言ってたな…
RACONO H
外国人のスタッフも多いのか
通用口
あなた誰？
わっ！
通用口
あの…今日から配属になった…
ズ
あぁ 新しいリーダーさんね

まずは
お手並み拝見
ゴクリ…
今日から配属になった
村中です
よろしくお願いします
しーんっ
もしかして 大変な仕事を
引き受けてしまったのかも…！

アメニティの抜け
から〜んっ
デスク下に菓子クズ
べと〜んっ
ベッドメイクが雑…
だっら〜んっ
全然なってない！
がく〜んっ
昨日のインスペクション
全員が不合格でした
良かった！
全員なら安心だわ
クスクス…

前原さん！
茶化さないでください
清掃の基本が全くできていません
私たちの仕事は…
高宮さん 話を聞いて！
大橋さん ゲームしない！
聞いてますよ～
基本ができてないんでしょ？
ぶりんっ

動揺しちゃだめ 平常心 平常心…
みなさん 客室清掃は 満足を提供する仕事です
満足を生み出すのは ゲストの想定を超える品質です
そして お客様からの『ありがとう』が 仕事の やりがいになります
私は前の職場でそれを 何度も味わってきました

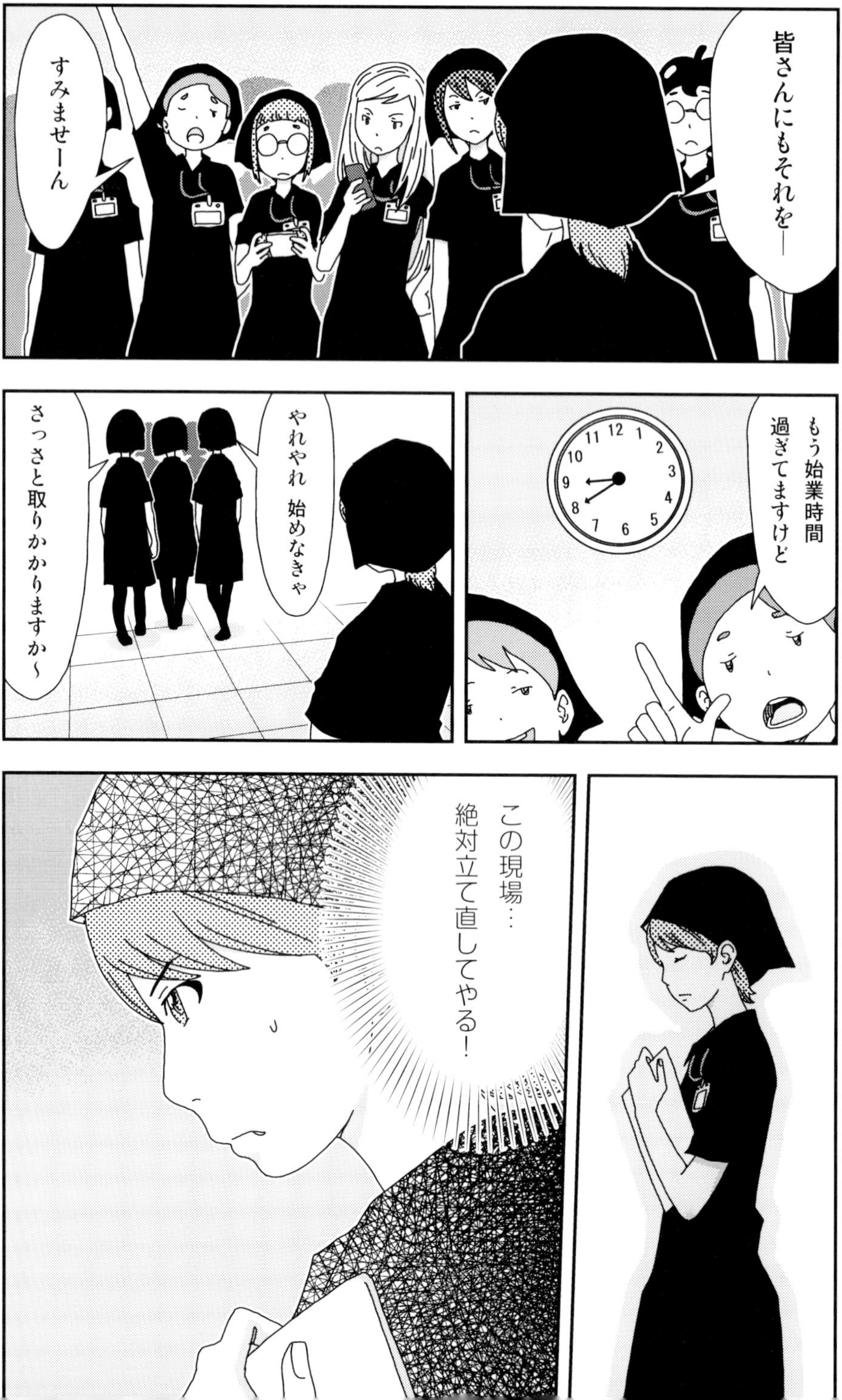
皆さんにもそれを—
すみませーん
もう始業時間
過ぎてますけど
やれやれ 始めなきゃ
さっさと取りかかりますか〜
この現場…
絶対立て直してやる！

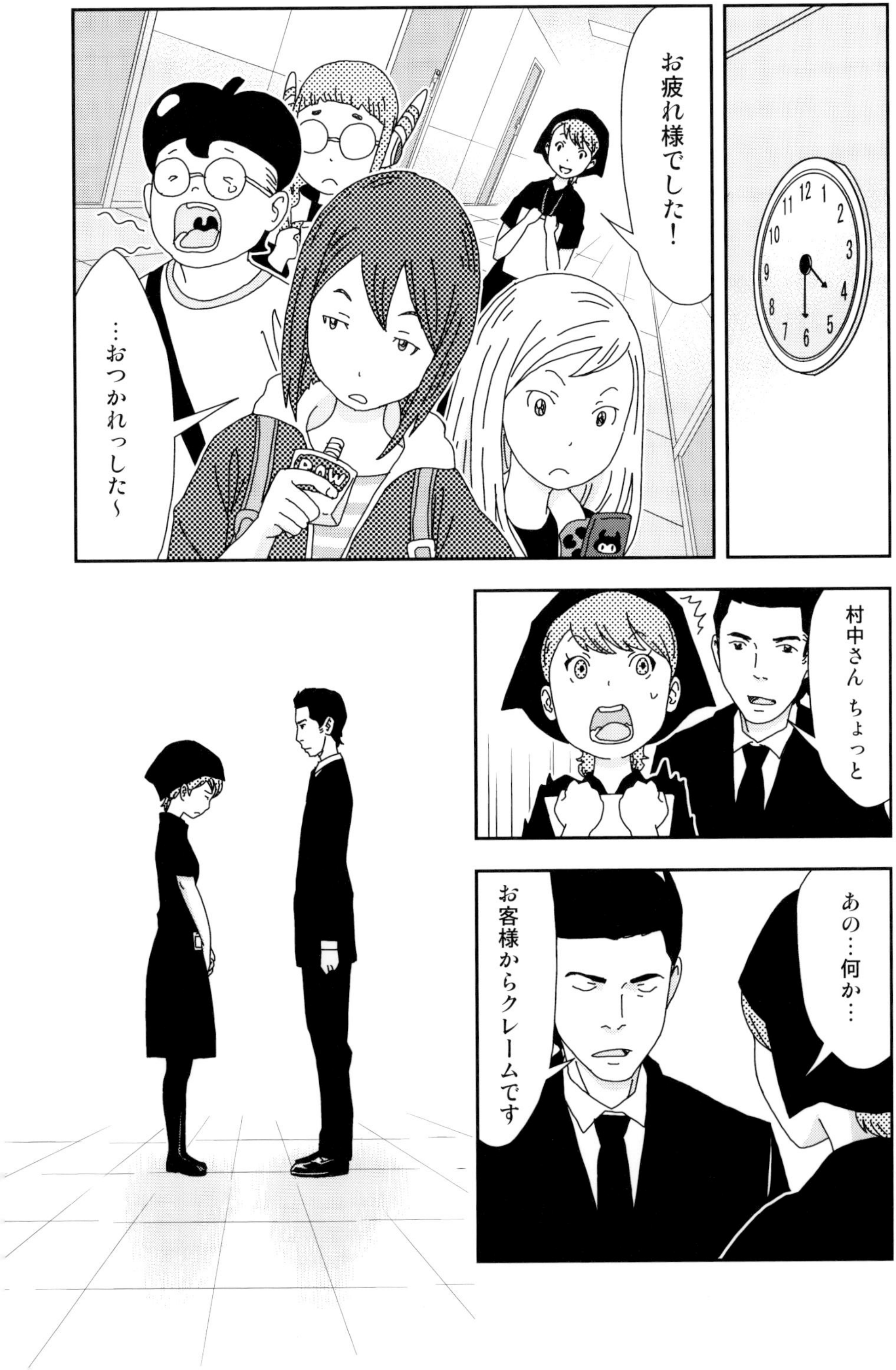
お疲れ様でした！
…おつかれっした〜
村中さん ちょっと
あの…何か…
お客様からクレームです

すみません
きちんと指導します
ところで
今までどれぐらい
クレームが来ていたので
しょうか
ほぼ毎日ですね
毎日…！
それに 清掃が間に合って
いないことも多々ありました
ええっ⁈

この現状を改善するために
来ていただいているのですから
1日も早く
結果を出してください
はい…
村中です
今日 本社に
寄ってもいいですか？

本社にて——
なるほど
そりゃ大変そうだ
ひとごとみたいに！
元々は大川さんが言いだして…
ちっ 違うんです
村中さんを推薦したのは
佐野さんと久保さんなんですよ
えっ

村中さんならきっと現場を
立て直してくれるって
力説されましてね
……
ところで 村中さんは
2・6・2の法則って
知ってますか
何ですか？ ソレ
どんな組織でも
優秀な人は2割 問題のある人が2割
そしてどちらにも属さない人が
6割いる という考え方です
よく働く社員
2
普通に働く社員
6
働かない社員
2

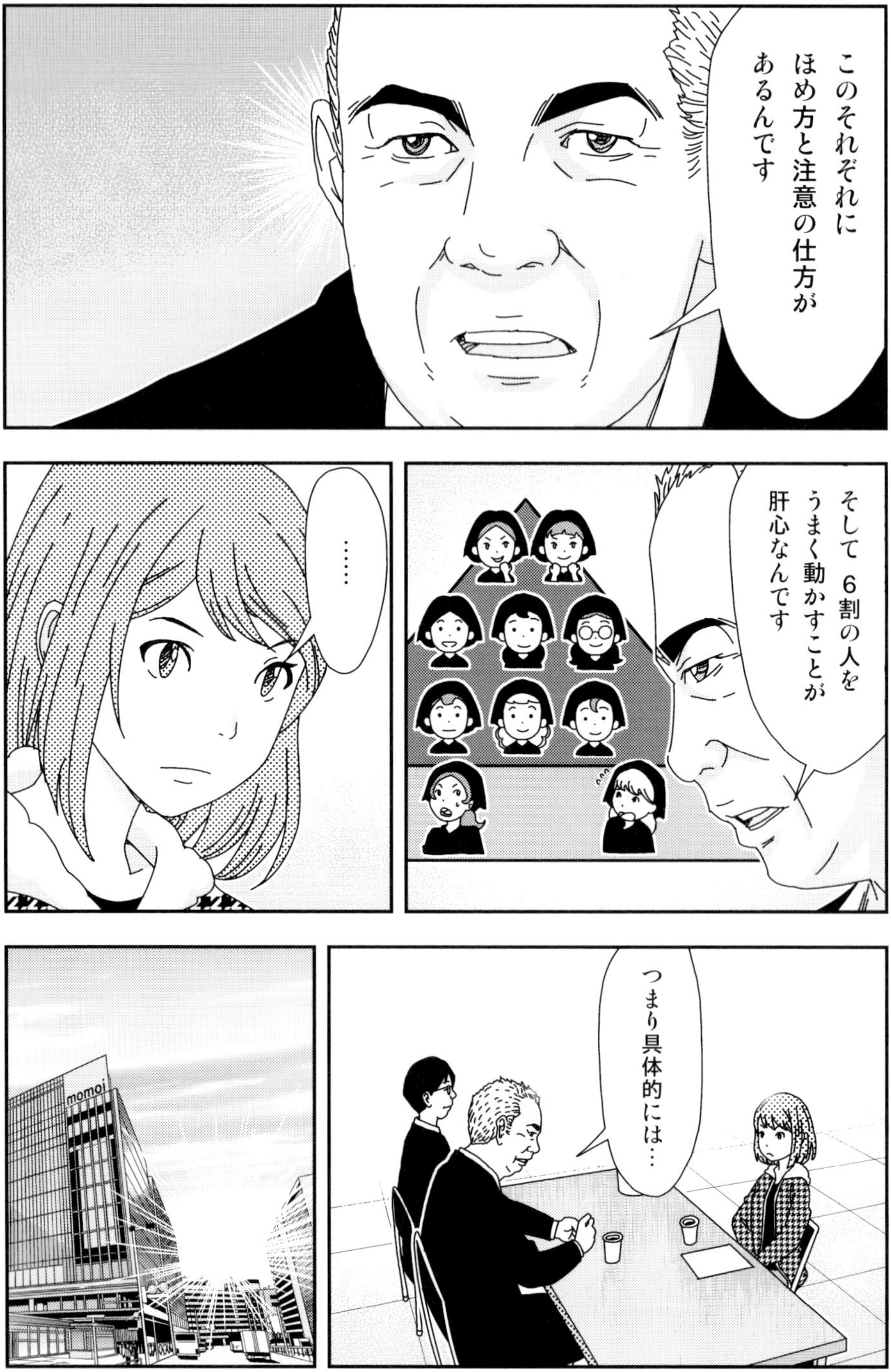
このそれぞれに
ほめ方と注意の仕方が
あるんです
そして6割の人を
うまく動かすことが
肝心なんです
……
つまり具体的には…
momoi

郵　便　は　が　き

料金受取人払郵便

８　１　２－８　７　９　０

博多北局
承認
5030

169

福岡市博多区千代3-2-1
麻生ハウス３F

差出有効期間
２０２６年５月
１日まで

㈱　梓　書　院

読者カード係　行

ご愛読ありがとうございます

お客様のご意見をお聞かせ頂きたく、アンケートにご協力下さい。

ふりがな お名前	性別（男・女）
ご住所 〒	
電話	
ご職業	（　　　　歳）

梓書院の本をお買い求め頂きありがとうございます。

下の項目についてご意見をお聞かせいただきたく、
ご記入のうえご投函いただきますようお願い致します。

お求めになった本のタイトル

ご購入の動機

1書店の店頭でみて　2新聞雑誌等の広告をみて　3書評をみて
4人にすすめられて　5その他（　　　　　　　　　　）
＊お買い上げ書店名（　　　　　　　　　　　　　　）

本書についてのご感想・ご意見をお聞かせ下さい。

〈内容について〉

〈装幀について〉（カバー・表紙・タイトル・編集）

今興味があるテーマ・企画などお聞かせ下さい。

ご出版を考えられたことはございますか？

・あ　る　　・な　い　　・現在、考えている

ご協力ありがとうございました。

ありがとうございました
僕のアドバイスが役に立つかどうか
なんだか気持ちが楽になりました！
私ひとりぼっちじゃない！

現場チーフの役割
〜客室清掃のマインドを伝える〜

本書は、『客室清掃の魔法①幸循環を生み出す客室清掃マジック』『客室清掃の魔法②幸循環を生み出すチーフへの道』に続く3作目。今回は入社3年目の村中恵理が主人公です。キャリアを積み、現場スタッフの統率者としては一人前、という段階にいます。

彼女は今回、他の管理会社からスタッフごと客室清掃業務を引き継いだホテルで、「チーフ」として着任し、そこでリーダー職の難しさに直面します。これは決して架空の事例ではありません。実際に、各ホテルの客室清掃現場では、人をまとめるという仕事の難しさゆえに有能なチーフが不足しており、現場がうまく回っていないということがあります。清掃の現場が負のスパイラルに陥ってしまうか、感謝が感謝を呼ぶ好循環を生み出せるかは、チーフの力量が大きく影響します。こうした問題を解決するために、セイビ九州では清掃スタッフの教育だけでなく、チーフの育成やサポートには特に力を注いでいます。

ホテルの品質は、優れた清掃チームから生み出されます。そのチームをまとめ、効率的に動かす要職がチーフです。その仕事では、清掃の品質を高めるだけでなく、スタッフが仕事に向き合う「マインド」の向上も重要になります。そこをおろそかにすると清掃はかたちだけのものになってしまい、『客室清掃の魔法①』でお伝えしたような「お客様の期待を超える感動レベルのサービス」は生み出せません。

当社では、先輩から後輩へそのマインドを受け継ぎ、現場で共有しています。そして、もし誰かが行き詰まった時には、マンガ本編で描かれているように本社のマネージャーがそれをフォローし、ほころびを丁寧に繕っていく体制を整えているのです。

前の2作同様、この『客室清掃の魔法③最強の清掃チームの作り方』も、現場の声や実際に起きた事例などをヒアリングした上でストーリーを作っています。その取材の中で、あるホテルの総支配人から、「セイビ九州のスタッフは良い意味で家族的だ」という言葉を頂戴したことがあります。この言葉の真意を聞くと、清掃を丁寧・迅速に進めるだけでなく、互いに支え合い、仕事上の喜びもスタッフ同士で共有しながら、同じマインドを持ってホテルに貢献してくれている、とのことでした。「その心遣いが、ホテルを無機的なものではなく、温かみのある場所にしてくれている」とおっしゃるのです。こんなに嬉しい言葉はありません。デジタル化が進んでいくなか、こうした温かみを感じられるサービスはますます貴重になってくると思います。だからこそ、「真心」をもって仕事に向き合うことが重要なのです。

さて、新しい現場で壁に直面した主人公は、本社でのアドバイスも受けて何かを掴んだようですが、うまくこの難局を乗り切れるのでしょうか。続きをお読みいただきながら、清掃現場の課題解決に向けたヒントを掴んでいただければ幸いです。

蛇口に曇りあり アメニティの配置に乱れ…
もう一歩ですね
はぁ…
でも 鳥飼さんの作業スピードは素晴らしいです
はいっ！
品質は川端さんが優れているので技を盗むといいかも
なるほど…

インスペクション
お願いします
はーい！
オールOK…と
仕上げは問題なしです
よかった！
川端さんの
課題はスピードですね
ですよね～

川端さんは丁寧さ 品質が断トツ
作業スピードは鳥飼さんが断トツです
それぞれ得意なことは違うと思いますがぜひお互いの強みを学び合ってみてください
鳥飼さんが品質を身につけたら無敵です
無敵!
よっしゃー やるぞー
ぴょ〜んっ

朝礼で——
伝わるまで
何度でも言い続けるんだ！
綺麗で清潔な客室は
ゲストの満足を高めます
同時に 清掃のスピードは
ホテルに大きく貢献します
ホテルの価値を高め
お客様の満足を増やすことが
私たち自身の価値を
高めるんです

し〜〜んっ
505
今日も 最高の客室をつくりましょう
川端さん 早くなりましたね
えへへ
鳥飼さん 品質 オールOKです！
やった！
ぱーーんっ

鳥飼さんすごい
短期間でここまで
品質を上げるなんて
いや～
おだてられたら
飛んじゃうんでー
この部屋
私も泊まりたいくらい
村中さんって
本当にこの仕事が
好きなんですね
もちろん！

私 昔ダンサーしてたんです
でも怪我しちゃって…
あの時みたいに
この仕事を夢中になれたらな…
鳥飼さんは この仕事のこと
どう思っていますか?!
えっ?
私ですか?

アニトさん
はい？
バスルームの鏡に曇りが残っていました
あいやー そうですか
次からはきちんとしてくださいね
はい
今ので伝わったかしら
…？
えっ？

アニトさん！
どーんっ
昨日言ったことが守れていない！
あいやー
私は きちんとやってって伝え…
今ので伝わったかしら
アニトさん
は…はい？

スッ
鏡の拭き上げは水滴が乾く前に一気に！
四隅まで拭き残しがないように拭き終わったあとは色んな角度から確かめて
鏡が汚れているとお客様の顔も汚れて映ってしまいますよね
なるほど　わかりました！

前原さんありがとう
え？
〝きちんとやって〟じゃ何も伝わりませんよね
日本人同士でも曖昧な言葉なのに外国人のスタッフに伝わる訳がない
それに気付かされました
ふーん 良かったですね
フフフ
な…何がおかしいの？

私 前原さんのそういうところ 好きです
別にあたしは助け舟を出したわけじゃ…
分かってますって！
また気になることがあったら指摘してくださいね！

ホテルへの貢献と、スタッフの働きやすさを両立
～チーフに求められるバランス感覚～

ここまでで描かれた「品質とスピード」は、違う言葉に言い換えると「どれだけホテルに貢献できるかを極める」ということになります。そして、「チーム内コミュニケーション」は「どれだけ働きやすい環境を作ることができるか」ということに繋がります。

「品質とスピードの両立」で、気付きを与えて得意分野の違うスタッフ同士を学ばせ合い、お互いを高め合うきっかけを生み出しています。実際、現場には様々な特性を持つスタッフがいて、それぞれに得意・不得意があります。その長所を伸ばしつつ、短所をできるだけ埋めていくにはどうしたらいいのか。現場でできる工夫を考えるのもチーフの仕事です。

「チーム内コミュニケーションの重要性」では、様々な特性を持つスタッフをワンチームにまとめていくことの大切さが描かれています。『客室清掃の魔法②』の冒頭でもお伝えした通り、以前は主婦層が中心だった客室清掃スタッフも、最近は多様化が進んでいます。学生アルバイト、ダブルワーク、外国人といった様々な人たちが1つのチームを組むのですが、仕事に対する姿勢や考え方もまた様々。チーフ職の人は、この多様化問題にも向き合っていかなくてはなりません。実際に、長く務めているベテランのチーフに聞くと、「厳しいだけでは駄目、優しすぎても駄目」「無関心でも駄目、プライベートに立ち入りすぎても駄目」という、微妙なバランス感覚でスタッフと接していることが分かります。

多様性を活かすためには、スタッフ一人ひとりの特性を掴み、その人にあった働きかけができるスキ

ルが求められます。そのような「心と行動を持ち合わせた」スキルを身に着けた人こそ、真のリーダーとなり得るのです。主人公がどのように成長していくのか、続きをご覧ください。
お読みいただきながら、清掃現場の課題解決に向けたヒントを掴んでいただければ幸いです。

あの…村中さん
はーい!
?
ちょっと話が…
仕事を辞めたい?
もう色々と限界で…

困ったなぁ…
ただでさえギリギリで
回しているから
すみません…
急には無理なので
一旦保留させて
ください！
はーーっ
よろり
よろり…
みんなに相談してみようかな
あ 明日は
チーフミーティングか…
3 4 5 6
10 11 12 13 14
17 18 19 20 21

本社会議室―
それで 村中さんは何て答えたの？
今辞められたら困ると引きとめました
それは村中さんの都合よね
え？
その人はとても悩んでいたと思うの
悩みを打ち明けた相手から〝私が困る〟って言われたらどう感じるかしら？

村中さんがすべきだったのは
相手に共感して 解決策を示してあげる
ことだったんじゃない？
……
―翌日
大橋さん
気持ちは変わらないの？
はい
そう 残念だけど
辛いなら仕方ないね
すみません
でも
もったいないな
何がですか？
CONO HO

あなたはまだ
客室清掃のやりがいを
分かっていない
やりがいって何ですか
感謝の循環です
感謝
感謝
感謝
MEMO
ありがとう!!
私たちは宿泊してくださる
ゲストに感謝する
ゲストは
快適な空間に感謝する
ホテルは快適な客室をつくる
私たちに感謝する
〝ありがとう〟が連鎖して
どんどん大きくなっていくんです
それが分かるまで
もう少し頑張ってみたらどう?

……
もう少し考えてみます
ありがとう！
ご心配かけてすみませんでした
いつでも相談してくださいね！
ふぅ
久保さん 佐野さん…
ありがとう…

よしっ…と！
さぁ 次々～！
川端さん ベッドメイク
早くなりましたね！
えへへ
やっぱりわかっちゃいます？
大橋さん 先日お客様から
感謝の手紙をいただきましたよ
今日も一緒に頑張りましょうね
は はい
ありがとうございます
…ご報告は以上です
ありがとうございます
本日もお疲れ様でした

ふー 今日もなんとか終わったけど
自分の仕事はいっぱい残っちゃったな
はーっ
あとで一人でやらなきゃ
今日は何時に帰れるかな
あ 村中さん
おっそーい
え？
…ええ!?
じゃ～ん

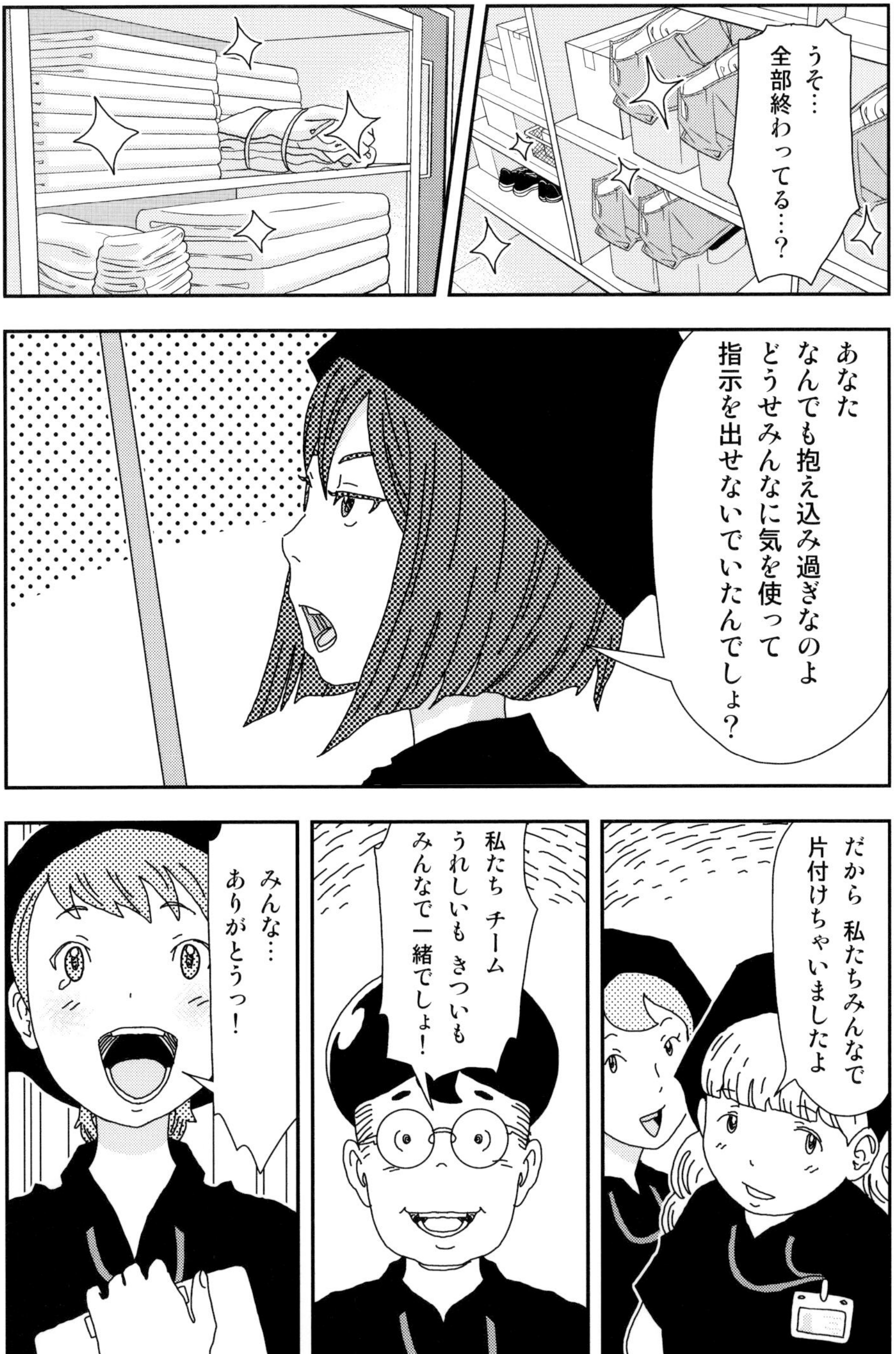
うそ…
全部終わってる…？
あなた
なんでも抱え込み過ぎなのよ
どうせみんなに気を使って
指示を出せないでいたんでしょ？
だから 私たちみんなで
片付けちゃいましたよ
私たち チーム
うれしいも きついも
みんなで一緒でしょ！
みんな…
ありがとうっ！

おはようございまーす
おはようございます！今日もがんばりましょうね！
村中さん
はいっ！すみません！
これ 見てください
？
アンケート表データ
ゲストのアンケートを月ごとにまとめたデータなんですが
ここ数ヵ月で満足度が目に見えて向上しているんです
アンケート表デー
ホントだ！

リピート率も増えているし
もちろんクレームも減っています
村中さんのおかげですよ
いいえ 違います
?
スタッフ全員のおかげです!

これ 少し借して いただけますか?!
あ ちょっと!
一人ひとりの頑張りが 数字にも出ています

皆さんは日々
大きな価値を生み出し続けているんです
それじゃみんな
合言葉は…
今日も
最高の客室をつくります！

あとがき

株式会社セイビ九州　代表取締役社長　森永 幸次郎

私がこの業界に初めて出会ったとき、現場で働く人々の苦労や活躍が非常に印象的でした。共に仕事をして、そのような姿を見ているうちに、現場で働く皆さんを笑顔にし、輝かせたいという強い志が芽生えました。これが私の経営における重要な目的の一つとなっています。もちろん、お客様や社会に価値を提供することは重要ですが、それは現場の従業員と会社全体が一丸となって懸命に仕事をするからこそ実現できると考えています。

当社の合言葉に「いい仕事をしよう」「お客様の笑顔のために」「真心を込めて」というものがあります。この言葉を実現するためには、従業員一人ひとりが理解し、自ら行動することが不可欠です。

おかげさまで、当社は2025年4月に50周年を迎えます。「ダイヤモンド企業を目指して」というビジョンを掲げており、これは従業員一人ひとりが自ら輝き、周囲の人をも輝かせるようなチームを目指すものです。その関係性をお客様や家族、友人へと広げていくことが、私たちの描くダイヤモンド企業の姿です。言い換えれば、「活気ある会社（チーム）」を目指しています。

今回のテーマは「最強の清掃チームのつくり方」ですが、清掃業務に限らず、あらゆる仕事やスポーツにおいてチームづくりには共通の要素があると私は考えています。これをシンプルに表すと、最強のチーム＝活気あるチーム。すなわち、「最強のチーム（活気あるチーム）＝達成（結果）×人間関係」ということです。

チームでも個人でも、明確な目的や目標をもって取り組むことで、達成感が得られ、やりがいや意欲が増してきます。しかし、達成感が得られない状態が続くと、いずれ挫折感に繋がることもあるでしょう。一方で、人間関係も重要な要素です。最近は「心理的安全性」という言葉が広まっていますが、あまり好きでない人と顔を合わせることや、その人の言葉や態度に不快感を抱くことがあると、考えるほど嫌な気持ちになってしまいます。逆に、心地良い関係が築けているチームでは、一緒にいるのが楽しくてたまらないという気持ちになるものです。

以上のことから、最強のチーム（活気あるチーム）には、達成感と良好な人間関係の両方が必要だと私は考えています。そのようなチームをつくるために、リーダーの役割は非常に重要です。

チームリーダーには、メンバーを達成へと導くことが求められます。達成感を得ることでメンバーのやりがいや意欲が高まり、さらにチーム意識を育むことも重要です。個人の達成だけでなく、チーム全体の目的や目標にも意識を向け、連帯感を醸成することが不可欠です。そして、チーム全体での達成を積み重ね、勝ち癖をつけて「できる！」という意識をもつことが大切です。

次に、チームの人間関係の構築です。人間関係は簡単に築けるものではなく、共感し合える仲間づくりが必要です。どんなに素晴らしい意見や仕組みがあっても、チームメンバー間での共感がなければその力を最大限に発揮することはできません。私の学生時代の経験でも、同じ言葉を異なる先生から言われると、その受け止め方が変わることがありました。信頼できる先生の話は素直に聞けますが、信頼できない先生からの言葉は否定的に受け取ることがあるからです。この経験から、「共感」の重要性を痛感しています。

リーダーはまず、善意の考えと行動を実践することが大切です。しかし、リーダー一人が善意の考えをもつだけでは最強のチームはつくれません。リーダーがチームメンバーと善意の考えや行動を共有することが必要です。当社ではそのために、さまざまな工夫をしています。

リーダーの役割を担っている方々、これからリーダーとして経験を積まれる方々に申し上げたいのは、リーダーは素晴らしい存在であり、その影響力で人々を幸せにできるということです。そして、日本中、さらには世界中に笑顔の輪を広げていければと願っています。

令和6年10月

《編　著》

㈱セイビ九州

本社：〒812-0011 福岡市博多区博多駅前 1-19-3 博多小松ビル 3F
TEL：092-451-4313　FAX：092-451-4315
https://www.seibiq.co.jp/

《SPECIAL THANKS》

シナリオ　浮辺剛史

客室清掃《きゃくしつせいそう》の魔法《まほう》 3 ―最強《さいきょう》の清掃《せいそう》チームのつくり方《かた》―

令和 6 年 12 月 25 日　初版発行

編　　著　㈱セイビ九州
マ ン ガ　松本康史
発 行 者　田村志朗
発 行 所　㈱梓書院
〒 812-0044 福岡市博多区千代 3 丁目 2-1
tel 092-643-7075　fax 092-643-7095

ISBN978-4-87035-818-8